L'EMPIRE

AVEC

LA LIBERTÉ.

« La liberté divise d'abord et rapproche ensuite.

» Les camps politiques seraient des prisons où les hommes demeureraient éternellement enfermés et farouches, inabordables les uns pour les autres, comme au jour du plus vif combat! Une telle prétention, de tous temps fausse et nuisible, ne peut être de nos jours, après toutes nos révolutions, qu'un mensonge intéressé ou une absurdité palpable. Quant à moi, sûr de n'avoir jamais déserté mon drapeau, fier de l'avoir quelquefois tenu moi-même à l'heure du péril, je me prête sans embarras à tout rapprochement vrai... et je ne crains pas plus de perdre dans l'avenir ma liberté que je n'ai craint d'en user en ce moment. »

M. GUIZOT *à ses commettants.* 6 février 1839.

« Le propre des esprits élevés, c'est de ne pouvoir être longtemps des esprits passionnés. »

M. VICTOR HUGO *A M. G. Hugelmann.* 27 mars 1849.

DÉCEMBRE 1857.

I.

LA PRESSE CONSTITUTIONNELLE.

6 décembre 1857.

Le journal la *Presse*, qui avait échappé de 1852 à 1856 au péril de la suspension, vient d'être suspendu pour deux mois à l'occasion d'un article dans lequel ce journal blâmait le refus de serment de MM. Carnot et Goudchaux, en des termes auxquels nous ne saurions rien ajouter, et approuvait MM. Darimon, Hénon et Ollivier d'avoir prêté le serment prescrit par l'article 14 de la Constitution, serment conçu en ces termes : « Je jure obéissance à la Constitution » et fidélité à l'empereur. »

Inutile de le dissimuler : prêter serment pour être admis à siéger sur les bancs du Corps législatif, c'est l'admettre par voie de réciprocité, c'est le reconnaître ; le reconnaître, c'est, par voie de conséquence, reconnaître la Constitution de 1852 ; reconnaître la Constitution de 1852, c'est reconnaître le Pouvoir constituant de 1851.

L'entrée de MM. Darimon, Hénon et Ollivier au Corps législatif est donc le point de départ d'une politique nouvelle qui peut se résumer en ces termes : — Liberté par la Constitution, liberté par les élections, liberté par le suffrage universel, liberté, enfin, par l'Opposition constitutionnelle.

Électeurs et élus ont jugé que le moment était venu de constituer, dans le Corps législatif, l'Opposition constitutionnelle. Nous jugeons que le moment est également venu de constituer, dans la presse démocratique, la presse constitutionnelle.

Opposition constitutionnelle, Presse constitutionnelle : ces quatre mots sont le programme de la politique nouvelle. Cette politique laisse en arrière tous les vieux partis, toutes les vieilles passions, toutes les vieilles rancunes, pour ne s'attacher qu'aux idées et aux progrès.

II.

L'OPPOSITION CONSTITUTIONNELLE.

L'Opposition constitutionnelle diffère de l'Opposition extra-constitutionnelle, leur nom l'indique, en ce que la première a pour but d'affermir et de conserver le gouvernement alors même qu'elle paraît le combattre, tandis que la seconde a pour but de l'affaiblir et de le renverser alors même qu'elle paraît le soutenir.

Toute Opposition constitutionnelle, manquât-elle même de mesure, est conservatrice ; toute opposition extra-constitutionnelle, affectât-elle même la modération, est révolutionnaire.

L'Opposition constitutionnelle n'a besoin de porter aucun masque ; ce qu'elle dit, c'est ce qu'elle veut : l'ordre par la liberté, la stabilité par le progrès. Tous les masques sont nécessaires à l'Opposition extra-constitutionnelle ; soit qu'elle prenne celui de la liberté ou celui de l'ordre, ce qu'elle veut, c'est ce qu'elle ne dit pas : c'est le changement de gouvernement.

L'Opposition constitutionnelle est l'ennemie des abus et non des personnes ; l'Opposition extra-constitutionnelle est l'ennemie des personnes et non des abus.

L'Opposition constitutionnelle pousse ouvertement aux réformes pour prévenir les révolutions : l'Opposition extra-constitutionnelle pousse clandestinement aux révolutions pour prévenir les réformes.

L'Opposition constitutionnelle est à l'Opposition extra-constitutionnelle ce que le pont est à l'abîme.

S'il s'agit de presse, l'Opposition constitutionnelle s'adresse aux idées, elle les mûrit; l'Opposition extra-constitutionnelle s'adresse aux passions, elle les fomente.

S'il s'agit d'élections, l'Opposition constitutionnelle adopte pour candidats les hommes de transition qui lui paraissent les plus propres à éclairer le gouvernement par le scrutin, à le rassurer et à le faire avancer. L'Opposition extra-constitutionnelle adopte pour candidats les hommes de négation qui lui paraissent les plus propres à effrayer le gouvernement et à le faire reculer.

L'Opposition constitutionnelle est le lien qui unit en faisceau tous les hommes de transition, tous les hommes de progrès; l'Opposition extra-constitutionnelle est le lien qui unit en faisceau tous les hommes de négation, tous les hommes de parti.

Réunir et appuyer tous les hommes de progrès, écarter et combattre tous les hommes de parti, voilà notre tâche : c'est la tâche de l'opposition constitutionnelle.

III.

L'EMPIRE ET LA LIBERTÉ.

Les journaux français peuvent se classer ainsi en quatre catégories :

I. Les journaux qui ne veulent ni l'Empire ni la Liberté.

II. Les journaux qui veulent la Liberté sans l'Empire.

III. Les journaux qui veulent l'Empire sans la Liberté.

IV. Les journaux, enfin, qui veulent la Liberté sous l'Empire.

Ni l'Empire ni la Liberté, c'est : ou le rétablissement sur le trône du comte de Chambord, ou le retour en France du comte de Paris, ou le triomphe de la Fusion.

La Liberté sans l'Empire, c'est une nouvelle révolution aboutissant une fois de plus à une nouvelle dictature.

L'Empire sans la Liberté, c'est l'idéal de journaux que nous n'avons pas besoin de nommer.

La Liberté sous l'Empire, c'est ce que nous souhaitons ; c'est ce que doivent souhaiter avec nous tous les amis des réformes et tous les ennemis des révolutions.

L'Empire et la Liberté peuvent se concilier aussi facilement que l'Empire et la Paix.

Si l'Empire est la Paix glorieuse, pourquoi ne serait-il pas la Liberté féconde ?

Pour que la Liberté soit féconde, que faut-il ? Il faut que le Pouvoir soit viril.

De l'aveu de tous, amis et ennemis, le Pouvoir actuel réunit, en France, toutes les conditions de la virilité, toutes les conditions de la force ; l'Empire, qui est la Paix, peut donc être aussi la Liberté.

Ce que nous pensons est aussi ce que pensait l'ancien rédacteur en chef de la *Presse*, M. Émile de Girardin, quand il écrivait ses deux lettres : la première, datée de Belgique le 20 février 1852 ; la seconde, datée de Suisse le 3 août 1857. Dégagées de tout esprit de parti, elles tracent à l'esprit d'opposition une ligne nouvelle ; de la ligne courbe elles font une ligne droite ; c'est la même politique que nous résumons dans ces deux mots : l'Empire et la Liberté.

Voici les deux lettres que nous venons de rappeler :

AUX RÉDACTEURS DE LA *Presse*.

« Bruxelles, 20 février 1852.

» La liberté, à leurs risques et périls, de dire ce qu'ils » pensent, est rendue aux journaux français. Vous m'écri- » vez, de Paris, pour me demander, à Bruxelles, quel » usage la *Presse* devra faire de cette liberté dangereuse ? » J'aurais pu vous répondre particulièrement ; je préfère vous » répondre publiquement, en prenant pour confidents et » pour témoins tous ceux des lecteurs qui sont restés » vaillamment fidèles au drapeau troué que j'ai porté avec » tous et contre tous pendant quinze années, drapeau sur » lequel étaient écrits ces mots : ORDRE PAR LA LIBERTÉ.— » STABILITÉ PAR LE PROGRÈS.

» Cette réponse que vous me demandez, je vous l'envoie.

» Qui veut marcher droit, vite et sûrement, doit regarder » ce qui est en avant et non ce qui est en arrière.

» *En avant*, qu'y a-t-il et que vois-je ?

» En avant, il y a et je vois le rétablissement en Europe » de l'orthodoxie monarchique sous la pression de la Rus- » sie, de l'Autriche et de la Prusse, c'est-à-dire le réta- » blissement, en France, de S. M. Henri V « *sur le trône de* » *ses pères ;* » en Espagne, de don Carlos ; en Portugal, de » don Miguel ; en Belgique, du roi de Hollande ; enfin, le » rétablissement de l'Europe monarchique telle qu'elle

» exista après les traités de 1815 et avant la révolution de
» 1830.

» Cette possibilité est la seule qui me paraisse avoir as-
» sez de consistance pour mériter le nom de probabilité.

» En avant, je ne vois pas le retour en France du régime
» mixte qui a pu subsister de 1830 à 1848. Ce régime, qui
» n'était et qui ne serait encore ni la Monarchie, ni la Ré-
» publique, ni l'hérédité, ni l'élection, ni le droit d'aînesse,
» ni le droit de suffrage, ni l'autorité, ni la liberté, ni la
» paix, ni la guerre, qui le ramènerait?

» La royauté traditionnelle ou constitutionnelle ne peut
» remonter, en France, sur le trône, que ramenée par une
» révolution populaire ou par une coalition étrangère.

» Une révolution populaire ayant pour objet de restau-
» rer, soit la branche aînée, soit la branche cadette des
» Bourbons, est-elle vraisemblable?

» Assurément, non.

» Donc, *en avant,* il n'y a et je ne vois que l'une de ces
» trois alternatives :

» L'*idée napoléonienne,* — c'est le nom qu'elle se donne ;
» L'orthodoxie monarchique ;
» La révolution nouvelle.

» Pour un journal placé dans la situation étroite où se
» trouve la *Presse,* il n'y a conséquemment qu'une con-
» duite à tenir : — Provoquer, étudier, encourager toutes
» les réformes utiles, toutes les réformes nécessaires, afin
» que le bien s'accomplisse s'il peut s'accomplir, et afin
» que ne s'accomplisse pas la troisième invasion aux aguets
» de la quatrième révolution.

» J'y ai bien souvent réfléchi, surtout depuis un mois que
» l'ostracisme m'a prodigué les loisirs en me faisant l'an-
» tique honneur de me marquer de son sceau, et plus j'y ai
» réfléchi, plus je suis demeuré profondément convaincu
» que le pessimisme serait le chemin le plus droit, consé-
» quemment le plus court, pour arriver au légitimisme.

» Or, entendez-le bien : tout vaut mieux que le légiti-
» misme, cette restauration du passé séculaire.

» Le légitimisme a la prétention d'être et l'illusion de se
» croire un principe.

» Il est accepté comme tel.

» Les hommes passent, les préjugés tiennent, les prin-
» cipes restent.·

» Je sais parfaitement tout ce qu'on peut dire contre tout
» ce qui s'est fait depuis le 2 décembre ; nul n'en a plus
» souffert que moi, et j'ai protesté, je ne le cache pas, aussi
» énergiquement qu'il m'a été possible de l'essayer ; néan-
» moins, je tiens pour vrai et pour certain que les choses
» étant ce qu'elles sont présentement, en France et en Eu-
» rope, il faut, avant tout, marcher au but et ne pas s'en
» laisser détourner par les ornières du chemin.

» Point de récriminations transparentes : mieux que
» cela, point de rancunes déguisées !

» Ouvrez le premier numéro de la *Presse*, qui parut le
» 1er juillet 1836, et vous y trouverez ces mots que je cite
» de mémoire : « La *Presse* ne demandera pas aux gouver-
» nements d'où ils viennent, mais où ils vont. »

» Que ce soit votre équerre pour poser vos assises, comme
» ce fut toujours la mienne avant et après février 1848.

» De tout ce qui est tombé en décembre 1851, la *Presse*
» n'a rien à regretter, rien à relever.

» *La liberté de la tribune !* — De 1815 à 1851 quels fruits
» a portés cet arbre sans racines ? Appellerait-on des fruits
» tant de paroles vaines, bruit de feuilles mortes, n'aboutis-
» sant qu'à se contredire réciproquement et qu'à se dé-
» mentir successivement ?

» *La liberté de la presse !* — Dès que cette liberté n'est
» pas absolue, je ne connais pas, je l'avoue, de balances
» douées d'une assez grande précision pour mesurer la dif-
» férence qui peut exister entre le décret du 17 février 1852
» et la loi du 16 juillet 1850, ou la loi du 9 septembre 1835,
» ou la loi du 28 juillet 1828, ou toute autre loi signée
» Thiers ou Guizot, Martignac ou Peyronnet. En matière de
» presse, il y a quatre régimes : la liberté absolue ; la sup-
» pression absolue ; le régime préventif ; le régime répres-

» sif. La question de limites, la question du plus ou du
» moins dans l'un ou l'autre de ces deux derniers régimes
» ne vaut pas la peine qu'un homme de réflexion s'y ar-
» rête.

» Ces froides paroles, je le sais, vont allumer d'ardentes
» colères. Il y a des gens, je les connais, qui ne peuvent se
» consoler que la tribune aux harangues soit muette. Ces
» gens prétendront que frapper ainsi le gouvernement re-
» présentatif lorsqu'il est à terre, c'est manquer de géné-
» rosité... Peut-être ; mais certainement, et croyez-moi, ce
» n'est pas manquer de prudence. Le parlementarisme as-
» pirera toujours à se relever ; or, précisément ce qu'il ne
» faut pas souhaiter, c'est qu'il se relève.

» On a assez discouru pendant trente-cinq années pour
» ne rien faire. Parler dispense d'agir.

» L'impuissance le sait. Au contraire, silence oblige !
» C'est pourquoi je préfère le silence.

» Le progrès social, c'est le sentiment du Peuple et c'est
» aussi le mien, n'a qu'à gagner à la chute du parlementa-
» risme.

» Si je le pense, pourquoi donc ne le dirais-je pas ? Si
» les rédacteurs de la *Presse* partagent cette opinion, qui
» fut toujours la mienne, ils le savent, pourquoi donc hési-
» teraient-ils à l'exprimer ? — Serait-ce dans la crainte de
» déplaire à MM. Guizot, Berryer et Thiers, et à leurs amis
» sans bercail ? — Pourquoi cette crainte ? Ce qu'ont fait
» avant et après 1848, ces pilotes et ces matelots, permet
» de juger avec certitude ce qu'ils feraient si le flux de
» l'océan politique les ramenait sur la plage d'où le reflux les
» a éloignés.

» Mon avis n'est donc pas que vous marchiez timidement
» à la suite des anciens partis, mais que vous marchiez ré-
» solûment en tête et le plus loin possible d'eux.

» S'ils crient, laissez-les crier.

» Appliquez-vous à créer un parti nouveau ; le PARTI DE
» L'ACTION.

» Demandez qu'on fasse, qu'on fasse encore, qu'on fasse
» toujours.

» Il y a tant à faire, et de si bonnes choses !

» Si ce parti ne peut écrire sur son drapeau : ORDRE PAR
» LA LIBERTÉ, eh bien ! qu'il écrive : TRAVAIL PAR LE CRÉDIT.

» Autre chemin, — et peut-être sera-ce le moins long, —
» qui mène au même but.

» Si, de près, je ne puis vous aider à l'atteindre, je vous
» y aiderai de loin ; je vous y aiderai de Bruxelles ou de
» Londres.

» En résumé, toute cette réponse est dans cette ligne :

» Marcher devant soi et ne pas regarder en arrière.

» Tout à vous et à vous tous.

» ÉMILE DE GIRARDIN. »

AU RÉDACTEUR EN CHEF DE L'*Indépendance belge.*

« Du Giessbach (canton de Berne), le 3 août 1857.

» Monsieur,

» J'habite un sommet, le Giessbach, placé au-dessus du
» niveau de la politique plus haut encore qu'il ne l'est au-
» dessus du niveau de la mer ; ce n'est donc que tardive-
» ment et par hasard qu'on me communique un numéro de
» l'*Indépendance belge*, où je lis ce qui suit :

« Paris, 23 juillet.

« Des bruits étranges ont couru aujourd'hui sur le départ de M. Émile
» de Girardin et sur la vente très inattendue de son hôtel. Ils appartien-
» nent certainement à la catégorie de ceux qui ont été répandus sur le
» général Cavaignac, et que vous avez cru devoir démentir. »

» L'absurdité a cela de bon qu'elle se dément d'elle-
» même. Si je te relève, ô absurdité, ce n'est donc point
» pour te démentir, mais pour profiter de l'occasion que tu
» m'offres de dire ce que je pense de ces complots aux-
» quels tu as mêlé mon nom.

» La logique des révolutions ne s'appelle point Manin,
» elle s'appelle Mazzini ; elle n'a point de scrupules ; elle

» ne se scinde pas ; elle ne distingue point entre les con-
» jurations et les insurrections, flétrissant celles-là, glori-
» fiant celles-ci ; entre le poignard derrière une embuscade
» et le fusil derrière une barricade. La logique qui admet
» explicitement le fusil admet implicitement le poignard ;
» si elle exclut le poignard, elle exclut le fusil. A défaut de
» l'un, l'autre ; toute arme lui est bonne. Le but du conjuré
» n'est-il pas le même que celui de l'insurgé ? Meurtre in-
» dividuel ou meurtre collectif, assassinat ou massacre,
» embuscade ou barricade, n'est-ce pas toujours le meur-
» tre ? Question de nom, rien de moins. La logique qui ces-
» serait d'être inexorable ne serait plus la logique, ce serait
» l'inconséquence. Aussi ne sont-ce pas seulement les con-
» jurations armées de poignards que je réprouve ; je ré-
» prouve également les insurrections armées de fusils.
» Conjurés et insurgés sont égaux devant moi comme de-
» vant la logique. Ils ne sont inégaux que devant l'arith-
» métique. Question de nombre, rien de plus.

» Le dernier volume, lettre G, de la *Biographie moderne*
» publiée par MM. Firmin Didot, en me faisant l'honneur
» de me consacrer un assez long article, a très exactement
» résumé ainsi la politique de toute ma vie d'écrivain mili-
» tant : « *Ni barrières ni barricades. Tout par la civilisa-*
» *tion, rien par la révolution.* » C'est-à-dire tout par la
» discussion, rien par l'insurrection ; tout par la persua-
» sion, rien par l'intimidation ; tout par l'évidence, rien par
» la violence ; tout enfin par la force immatérielle, rien par
» la force matérielle.

» Mes écrits et mes actes sont d'accord.

» Le 24 février 1848 m'a vu sur la place du Palais-Royal,
» non derrière aucune barricade, mais entre les feux croi-
» sés des gardes municipaux qui se défendaient et des
» combattants improvisés qui les attaquaient, m'efforçant,
» en vain, de mettre un terme, des deux parts, à l'effusion
» du sang, et de sauver la liberté et la royauté l'une par
» l'autre.

» Les 23, 24 et 25 juin suivant, que n'avais-je fait pour

» prévenir ces malheureuses journées que j'avais si exac-
» tement prévues et prédites?

» Le 13 juin 1849, que n'avais-je fait également pour em-
» pêcher la manifestation qui, commençant comme elle a
» commencé, devait finir comme elle a fini?

» Le 2 décembre 1851, que n'avais-je fait, enfin, pour
» conjurer un coup d'État qu'il était aussi simple de dé-
» jouer, au moyen de la révision de la Constitution, combi-
» née, ainsi que je le proposais, avec l'abrogation de la loi
» du 31 mai, qu'il est simple de soutirer la foudre au
» moyen de l'appareil conducteur imaginé par Franklin?

» Après le rejet de ma proposition, rejet qui me laissait
» libre, et après le coup d'État, quel fut mon langage?
» J'exposai tout ce qu'il y avait d'insensé dans la résistance
» armée; j'insistai sur les avantages de la résistance pas-
» sive la plus absolue : chacun chez soi, laisser le gouver-
» nement tout seul, tout faire, et l'attendre à ses actes; ce
» qu'une proclamation imprimée, affichée et signée de moi,
» appela : *La grève universelle.*

» De mes collègues de l'Assemblée législative, fidèles à la
» vieille tradition révolutionnaire que j'ai qualifiée d'*or-*
» *nière* (1) et que je refusai de suivre, d'eux ou de moi, qui
» était dans le vrai, qui était dans le faux? Les événe-
» ments se sont chargés de la réponse.

» Or, de même que, sans y concourir, j'accepte sans hos-
» tilité les révolutions accomplies, j'accepte pareillement
» les gouvernements de fait. Entre gouvernements de fait
» et gouvernements de droit, je ne distingue pas. Tout
» gouvernement, aspirant au nom de gouvernement de
» droit, commence par être un gouvernement de fait. Il dé-
» pend de lui de se légitimer par ses œuvres.

» Le 24 février 1848, jusques à la dernière heure fidèle à
» mon serment de député, j'avais été devoué à la royauté
» constitutionnelle; quoique le parti républicain, pendant
» douze ans, ne m'eût épargné aucun de ses coups et eût

---

(1) *L'Ornière des révolutions.* Août 1854.

» reculé pour moi les limites de la calomnie, cette impuis-
» sance de la médisance, cela m'empêcha-t-il, dès le soir
» de ce même jour, n'écoutant que la voix du patriotisme,
» d'être le premier et le seul à relever et à rallier tous les
» esprits abattus, en leur criant : Confiance ! confiance !

» Certes, la veille, je n'étais pas républicain ; le lende-
» main, je le devins de bonne foi, sous la seule réserve
» que la République proclamée serait la liberté pour tous
» sans distinction et sans exception.

» Comme à la Monarchie de juillet, je suis resté fidèle à
» la République de février, à l'une comme à l'autre jusqu'à
» sa dernière heure. La République a disparu pour faire
» place à l'Empire. A quel titre ferais-je à l'existence de
» l'Empire une opposition que je n'ai point faite à l'exis-
» tence de la République ? Quel motif aurais-je contre lui
» que je n'aie pas eu contre elle ? N'a-t-elle pas été la dic-
» tature, l'arbitraire, la suppression des journaux, l'état de
» siége, la transportation avec et sans jugement ? Les
» membres du gouvernement provisoire n'avaient-ils pas
» prêté serment à la Charte de 1830 ? En avril et en dé-
» cembre 1848, le suffrage universel ne fut-il soumis à au-
» cune pression centrale ? Pourquoi donc aurais-je contre
» l'Empire des rigueurs que je n'ai pas eues contre la Ré-
» publique ? Ce serait de l'inconséquence.

» Que l'Empire ne soit pas seulement la Paix, mais qu'il
» soit aussi la Liberté (*et, quoi qu'on en dise, il peut l'être
» sans danger pour lui*), et je souhaiterai qu'il dure, aussi
» sincèrement que j'ai souhaité, avant 1848, que la royauté
» se consolidât, et, après 1848, que la République s'af-
» fermît.

» A l'instabilité que gagne la liberté ?

» Presque au lendemain de la Révolution de 1848 ayant
» eu pour dénouement l'Empire, une révolution triom-
» phante a éclaté en Espagne. L'impuissance de la pre-
» mière de ces deux révolutions a-t-elle servi à l'expérience
» de la seconde ? A Madrid comme à Paris, qu'ont fait les
» révolutionnaires en possession du pouvoir pour nouer

» entre le peuple et la liberté des liens indissolubles?
» La liberté, que je m'attache exclusivement à servir le
» moins mal que je puis, n'attend rien prématurément des
» révolutions d'État, qu'elles s'ourdissent dans les antres
» sous le manteau des conjurations, ou qu'elles éclatent
» dans les rues sous le drapeau d'insurrections, qu'elles
» cherchent l'épaisseur des ténèbres, ou qu'elles affrontent
» l'éclat du jour, qu'elles se servent du poignard ou du
» fusil; elle attend tout patiemment de ces progrès de la
» civilisation marqués par notre siècle au coin de l'univer-
» salité, véritables révolutions d'idées, les seules, celles-ci,
» qui soient durables et fécondes, qui ne sèment pas la
» discorde, la défiance, la terreur, la haine, et ne fassent
» point pulluler les partis. Elles ne détruisent pas, il est
» vrai, les gouvernements, mais elles les modifient; elles
» les transforment en les animant, eux aussi, un peu à
» leur insu, de l'esprit nouveau. Ne les voit-on pas, tous à
» l'envi, décréter et même subventionner les chemins de
» fer, qui, cependant, les conduiront plus vite et plus loin
» qu'ils ne s'en doutent? Est-il un seul gouvernement qui
» ait tenté d'interdire, de proscrire la vapeur? Et pourtant
» la vapeur sera dans l'avenir la raison des peuples visant
» à la liberté par le travail et l'épargne, comme le canon a
» été, dans le passé, la raison des rois visant à la gloire
» par la guerre et la conquête.
» Je termine par cet aveu: si je conspire, c'est avec mon
» siècle.
» Recevez, etc.

» ÉMILE DE GIRARDIN. »

IV.

L'EMPIRE ET LES PARTIS.

Sous l'Empire, ayant le suffrage universel pour fondement et la liberté promise pour couronnement, les partis dynastiques sont des regrets, ils ne sont plus des espérances; il ne leur reste que le passé, l'avenir leur échappe.

Ils n'auraient de raison d'être, ils n'auraient d'avenir que si la liberté promise tardait trop longtemps à être donnée; mais du jour où cette liberté aura cessé d'être une promesse pour devenir une garantie, quelle raison de subsister conserveront-ils? Que pourront-ils donner? Que pourront-ils promettre? Ne pouvant rien promettre, ne pouvant rien donner, ils n'existeront plus ; ils cesseront d'être des forces; ils ne seront plus que des ombres.

L'intérêt de l'Empire est donc de montrer à la liberté promise la même confiance qu'il a montrée au suffrage universel, de n'être pas moins vaillant avec elle qu'il ne l'a été avec lui.

Le même succès attend la même vaillance ; le même succès couronnera la même confiance.

Ce qu'on allègue contre les dangers de la liberté promise, qui risquerait de devenir une arme aux mains des partis, est-ce qu'on ne l'a pas dit de 1830 à 1848 et répété en 1850 contre le suffrage universel?

Est-ce que, si les conseils de la pusillanimité avaient été écoutés, le cens électoral n'eût pas été rétabli?

Est-ce que, si le cens électoral eût été rétabli, le suffrage universel, au lieu d'être l'arme invincible de l'Empire contre les partis, ne fût pas devenu l'arme redoutable des partis contre l'Empire?

Est-ce que le rétablissement du suffrage universel ne serait pas le premier article des programmes dynastiques?

Le suffrage universel a été le tombeau des partis, mais le tombeau est demeuré ouvert; la pierre qui doit le couvrir et le fermer sur eux, c'est la liberté.

Ils le savent! aussi n'ont-ils qu'une crainte mal déguisée pour qui sait regarder sous leur masque ; cette crainte, c'est que la liberté promise ne vienne compléter l'œuvre du suffrage universel, de ce principe nouveau appelé, de l'aveu de la *Nouvelle Gazette de Prusse*, à remplacer dans le droit public des sociétés modernes le principe ancien, le principe de la légitimité.

Cette crainte est ce qui fait notre espoir.

L'Empire ne voudra pas laisser trop longtemps aux partis dynastiques cette dernière chance, si faible qu'elle soit, cette ancre de salut.

La tactique des partis légitimiste, orléaniste, fusionniste, consiste à prétendre que l'Empire et la Liberté sont incompatibles. En quoi donc la liberté serait-elle plus incompatible avec la dynastie du suffrage universel qu'avec la dynastie du cens électoral à 300 francs, ou qu'avec la dynastie du cens électoral à 200 francs, sans l'adjonction des capacités? Ou la Liberté est possible en France, ou elle ne l'est pas : si elle y est possible, c'est sous l'Empire; si elle y est possible jamais, c'est à présent ; car, en quel temps le pouvoir y sera-t-il plus fort, plus incontesté? Et pourquoi donc la liberté, qui est possible en Angleterre, en Belgique, en Piémont, ne serait-elle pas possible en France? Quels en seraient les dangers? La France, sous le rapport de la civilisation, des sentiments et des idées, est-elle en retard sur ces trois pays? L'empereur Napoléon III est-il moins solidement assis sur ses huit millions de suffrages que la reine Victoria, le roi Léopold et le roi Victor-Emmanuel sur leur trône? A-t-il une armée moins considérable et moins dévouée? A-t-il une police moins vigilante? A-t-il un gou-

vernement moins bien servi par son administration ? A-
t-il des finances qui soient en moins bon état que les finances britanniques, belges, piémontaises ? Et d'ailleurs,
que gagnerait la liberté qu'il aurait donnée à se tourner contre
lui ? Elle n'aurait rien à y gagner, elle aurait tout à y perdre. C'est un jeu qu'on ne joue pas. On dit qu'on en abuserait pour lui reprocher le 2 décembre. Mais qui serait
fondé à s'armer de cette date contre lui ? Seraient-ce les
impuissants du 24 février 1848 ? Serait-ce la dynastie du 9
août 1830 ? Serait-ce la restauration du 8 juillet 1815 ? On
dit qu'on en abuserait pour rompre les digues de l'océan
révolutionnaire. Mais au nom de quoi une nouvelle révolution
se ferait-elle, si cette révolution, n'ayant plus à donner
le suffrage universel, n'avait plus à promettre la liberté ?
Serait-ce au nom du progrès ? Mais tous les progrès mûris
par l'évidence ne peuvent-ils pas s'accomplir sous le règne
de la nouvelle dynastie ? En est-il un seul qui soit incompatible avec elle ? S'il en est un, qu'on le nomme !

Non, l'Empire n'a rien à craindre de la Liberté ; la Liberté
serait sa force dans l'avenir comme le suffrage universel a
été sa force dans le passé.

Nous portons le défi qu'on nous prouve le contraire.

Cela est si vrai que l'Empire pourrait abroger toutes les
lois de proscription, rapporter tous les décrets d'exil, sans
aucun péril, sans aucun risque, sans aucun trouble : s'il le
faisait, ce serait le dernier jour des partis, de ces condam-
nés à la disparition par le suffrage universel.

V.

L'EUROPE, LA FRANCE, L'EMPIRE ET LA PRESSE.

Du 2 décembre 1851 au 2 décembre 1857, six années se sont écoulées, pendant lesquelles ont eu lieu : le vote du 20 décembre 1851 pour la présidence (1), le vote du 20 novembre 1852 pour l'Empire (2), les élections générales du 29 février 1852 pour la nomination, et celles du 21 juin 1857 pour le renouvellement du Corps législatif ; la reconnaissance successive de l'Empire par tous les gouvernements du monde entier ; le choix de Paris pour les délibérations du Congrès réglant les conditions de la paix après la guerre de Crimée ; le voyage en France de la reine d'Angleterre ; de l'héritier présomptif du trône de Belgique, petit-fils du roi Louis-Philippe ; du grand-duc Constantin, frère de l'empereur de Russie ; du roi de Sardaigne, et enfin l'entrevue de Stuttgard ; ce sont là des faits dont il est impossible de ne pas tenir compte.

De bonne foi, nul ne pourrait soutenir que la situation du Pouvoir en France est la même aujourd'hui, 9 décembre 1857, qu'elle était le 9 décembre 1851. L'une des preuves de ce changement, c'est le changement qui s'est opéré dans le langage de la presse britannique et de la presse américaine, les deux presses les plus libres qui existent dans l'univers ; ce langage n'est plus ce qu'il fut à cette époque. Une autre preuve, c'est l'opinion nouvelle qui se fait jour dans la presse allemande, la moins suspecte d'affinité démocratique. Nous avons nommé hier la *Nouvelle Gazette de Prusse*, plus connue sous le nom de *Gazette de la Croix*, citons-la aujourd'hui :

	Inscrits.	Votants.	Absences.	Affirmatifs.	Négatifs.	Nuls.
(1)	9,945,086	7,773,646	2,171,440	7,147,635	593,134	32,877.
(2)	9,823,078	7,780,307	2,042,771	7,482,863	238,582	58,862.

« Depuis les guerres de l'Indépendance, la légitimité était
» le grand mobile qui dirigeait la haute politique. L'Europe
» était unie et en garde contre les mouvements révolution-
» tionnaires de la France. Elle ne permit pas aux révolutions
» d'Espagne, de Naples et du Piémont de prendre racine.
» Mais bientôt on ne fit valoir la *légitimité* qu'au seul point
» de vue de l'opportunité, comme une espèce de *police de*
» *sûreté* ; on ne la considéra plus comme étant l'expression
» du *droit éternel*. Le droit venant de Dieu fut réduit à la
» simple expression de *principe monarchique.*

» . . . On a arraché des traités de 1815, de cette base de
» l'état légal de l'Europe, une partie essentielle, la partie
» qui, seule, fit entreprendre la campagne de Waterloo,
» on l'a arrachée non par un nouveau traité signé de toutes
» les grandes puissances, mais par la *seule intervention de*
» *la France.* Le majestueux arrêt prononcé par l'Europe
» contre le premier Bonaparte, arrêt exécuté par le tonnerre
» de Leipzig et de Waterloo, est *flétri* avec une précipita-
» tion qui ne vaut pas même la peine d'être formellement
» désavouée. Cette *lacération* a été accompagnée de la
» proclamation solennelle de la SOUVERAINETÉ NUMÉRIQUE, des
» grandes idées de 1789, et d'une glorification simultanée
» de Napoléon Ier, à laquelle la reine d Angleterre s'est as-
» sociée personnellement.

» *A la place du mobile des guerres de l'indépendance, du*
» *principe profond de la Sainte-Alliance,* on a donc inau-
» guré solonnellement le *principe diamétralement opposé...*
» Nous marchons peut-être vers un état de choses où la
» MAJORITÉ seule sera proclamée PRINCIPE DU DROIT, et où l'on
» traitera d'USURPATEURS tous les souverains qui ne pour-
» ront pas s'appuyer sur ce principe.

» L'Europe est richement pourvue de prétendants. Le
» Portugal, l'Espagne, Naples, ont chacun leur dynastie ex-
» pulsée ; la France en a même deux. Mais les prétendants
» d'aujourd'hui, presque tous dans la fleur de l'âge, se dis-
» tinguent des prétendants des siècles passés en ce qu'ils
» ne cherchent à aucun prix à troubler le repos des États

» qu'ils *déclarent leur appartenir*. Ils ne renoncent pas,
» mais ils attendent que les populations les appellent. *C'est*
» *là peut-être la* RECONNAISSANCE LA PLUS ÉCLATANTE *du* PRIN-
» CIPE PARTI D'EN BAS. C'est le prince Napoléon, le représen-
» tant de 1848–1849 à l'Assemblée nationale, l'hôte de Ber-
» lin en 1857, qui a proclamé, à l'occasion de l'Exposition
» universelle de Paris, la théorie « des dynasties vieillies. »
» Il aurait pu s'en référer à ce *symptôme significatif* de la
» DÉCRÉPITUDE.

» Les principes de 1815 sont à bas. Combien de temps en-
» core durera l'édifice qui fut alors érigé sur cette base, et
» sur *quels nouveaux fondements reposera-t-il ?*

» Quand *le droit* disparaît, *la possession* paraît. *La posses-*
» *sion* est la puissance que Dieu donna à l'homme quand il
» lui concéda le monde nouvellement créé. C'est un germe
» que le créateur a déposé dans la royale essence de
» l'homme, une racine d'où repousse sans cesse l'arbre du
» droit, quelque près de terre qu'on le coupe.

» Dans le mouvement descendant qui a duré de 1815 à
» à 1857, la possession des États est restée intacte ; à tout
» prendre : DES ÉTATS *et non* DES DYNASTIES.

» Nous voyons les Dynasties, ÉLÉMENT QUI N'EST PLUS ES-
» SENTIEL, se détacher de plus en plus des États.

» Le repos de l'Europe a exigé, non le maintien, mais l'ab-
» dication de la Dynastie légitime à Neuchâtel. Ce n'est
» pas *l'ancien principe de la* LÉGITIMITÉ, *mais le nouveau*
» *principe du* SUFFRAGE PAR TÊTES qui a prévalu dans cette
» question, et *l'on fait en Europe un mérite au roi de Prusse*
» *d'avoir fait plier promptement sa résistance contre le nou-*
» *veau principe.* »

Ce langage est l'expression du fait. C'est le Fait élevé à
la hauteur de Théorie. C'est l'effet devenu cause. Jamais
langage ne fut plus vrai, plus net, plus significatif : aussi
l'*Union* et la *Gazette de France*, ces deux gardiens du tombeau de la légitimité en France ; le *Spectateur*, cette sœur
Anne de la Fusion, qui regarde toujours et ne voit rien ve-
nir du côté de Frohsdorff ni du côté de Claremont, n'ont–ils

pas même tenté de le réfuter. ᵣs ont reçu en pleine tête, sans essayer de le détourner, le pavé lancé sur eux par la *Nouvelle Gazette de Prusse*. Leur silence est un acquiescement au droit nouveau qui élève la souveraineté numérique au-dessus de la souveraineté dynastique, qui substitue le principe de la majorité au principe de la légitimité, et reconnaît aux États une existence indépendante des Dynasties.

Lorsque le langage de la presse allemande, de la presse américaine, de la presse britannique ressemble si peu, en 1857, à ce qu'il était en 1852 ; lorsque les gouvernements les plus connus, les moins libres, ont tous écarté leurs rangs pour laisser passer l'Empire et lui faire, parmi eux, la meilleure place ; lorsque la France, après onze mois d'expérience et de réflexion, a voté pour l'Empire à la majorité de 7,482,863 voix contre 238,582 voix sur 9,823,078 électeurs inscrits, l'attitude de la presse parisienne ne doit-elle pas changer ? Doit-elle rester immuablement la même ? *That is the question.*

Par ces mots : « La presse parisienne, » est-il besoin de dire que nous n'entendons désigner ni le *Constitutionnel*, ni le *Pays*, ni la *Patrie*, ni l'*Univers;* que ces mots s'adressent premièrement à la *Presse*, au *Siècle*, à l'*Estafette*, et secondement au *Journal des Débats*, au *Spectateur*, à la *Gazette de France* et à l'*Union ?*

Pourquoi l'*Union*, pourquoi la *Gazette de France*, pourquoi le *Spectateur*, pourquoi le *Journal des Débats*, pourquoi l'*Estafette*, pourquoi le *Siècle*, pourquoi la *Presse* se condamneraient-ils à une stupide et dangereuse immobilité, quand ils peuvent en sortir par la porte que leur a ouverte la *Nouvelle Gazette de Prusse*, par la porte de la souveraineté numérique, par la porte du suffrage universel, derrière la France qui y est entrée ?

Au bout de cette immobilité de l'*Union* et de la *Gazette de France*, qu'y a-t-il ? Y a-t-il le retour aux Tuileries de la branche aînée des Bourbons ? Non, car le parti de la légitimité a même perdu, le jour de la prise de Sébastopol, la seule chance qui lui restait, celle d'une coalition armée et d'une invasion étrangère.

Au bout de cette immobilité du *Spectateur*, qu'y a-t-il? Y a-t-il le retour aux Tuileries, bras dessus bras dessous, du comte de Chambord et du comte de Paris? Non, car la fusion n'a pas plus de chances que la légitimité.

Au bout de cette immobilité du *Journal des Débats*, qu'y a-t-il? Y a-t-il le retour aux Tuileries du comte de Paris laissant à Frohsdorff le comte de Chambord? Non, car le suffrage universel a une force que n'a pas le cens électoral; il y a de l'un à l'autre toute la différence qui existe entre dix millions d'électeurs et deux cent quarante mille censitaires. La France pourra avancer, mais elle ne reculera pas.

Au bout de cette immobilité de la *Presse*, du *Siècle* et de l'*Estafette*, qu'y a-t-il? Y a-t-il le règne de la liberté? Non, car le moyen de la ramener, osons-le dire, ce n'est pas de rester à perpétuité dans cet état passif de protestation sous-entendue qui aboutit à la prostration de la presse démocratique, protestation individuelle contre le suffrage universel; ce n'est pas de refaire platement, sous Napoléon III, ce qu'a fait oiseusement sous Louis-Philippe Iᵉʳ la presse légitimiste; ce n'est pas de bouder puérilement l'Empire? Où cela a-t-il conduit la presse légitimiste, de bouder la dynastie constitutionnelle? Où cela conduira-t-il la presse démocratique, de bouder la dynastie impériale?

Que le *Siècle* et l'*Estafette*, qui ont seuls la parole en ce moment, nous répondent!

Quant à nous, qui avons des yeux pour regarder, des oreilles pour écouter, la faculté de la réflexion pour nous en servir, nous pensons et nous disons que le temps est venu, plus que venu, de sortir de l'Opposition individuelle pour entrer dans l'Opposition constitutionnelle.

Le mouvement ne consiste pas à garder l'immobilité. La paralysie est voisine de l'idiotisme.

En adressant ici un appel public à toute la presse, qui,

jusqu'à ce jour, s'est tenue à distance de l'Empire ; en l'engageant à noyer dans le flot du suffrage universel les protestations individuelles ; en la conviant hautement à reconnaître la souveraineté numérique, le fait accompli, le fait sanctionné par les votes du 20 décembre 1851 et du 20 novembre 1852, enfin l'Empire et la nouvelle dynastie, nous ne cachons pas notre pensée, nous ne dissimulons pas notre but : notre but et notre pensée, c'est d'accepter la Dynastie pour qu'à son tour elle accepte la Liberté et change l'ennemie en auxiliaire.

Toute autre conduite a pu se justifier dans le passé ; elle ne se justifierait pas dans l'avenir.

Il faut vouloir les moyens de ce dont on veut la fin.

La fin que nous nous proposons, c'est la Liberté. Est-il un autre moyen d'y arriver avec plus de rapidité et moins de risques ?

Si ce moyen existe, que le *Siècle*, l'*Estafette*, le *Journal des Débats*, le *Spectateur*, la *Gazette de France* et l'*Union* l'indiquent ! Nous n'avons aucune prétention à l'infaillibilité ; nous n'avons de prétention qu'à la sincérité. Nous n'avons pas même la prétention à l'initiative, car nous ne faisons que tirer ici la conséquence des élections de juin dernier, auxquelles la *Presse*, le *Siècle* et le *Journal des Débats* ont pris une part active, puisque ces journaux et le *Courrier de Paris* se sont mis d'accord pour dresser et appuyer une liste de candidats qui ont dû à cet accord leur élection.

Nous l'avons dit et nous le répétons : les dernières élections générales et l'entrée au Corps législatif des députés que nous avons nommés sont le point de départ d'une politique nouvelle pour la presse démocratique, sous peine d'inconséquence et de déchéance.

Si la presse démocratique n'était pas fermement résolue à entrer dans cette voie, il fallait alors qu'elle s'abstînt et qu'elle laissât les élections s'accomplir sans y intervenir.

Par suite de morts et de refus de serment, des élections partielles vont avoir lieu prochainement à Paris. Les jour-

naux qui sont sortis de l'abstention pour entrer dans l'intervention sortiront-ils de l'intervention pour rentrer dans
l'abstention ? Ce serait là une double inconséquence dont
tous leurs lecteurs auraient le droit de leur demander un
compte sévère. S'ils ne se réfugient pas dans l'abstention,
s'ils ne s'annihilent pas dans le silence, s'ils ne se pétrifient
pas sous la forme de sphinx égyptiens , quels candidats
proposeront-ils ?

Nous avons nommé les nôtres en disant que nous n'adop-
terions que « les hommes de transition qui nous paraîtraient
» les plus propres à éclairer le gouvernement par le scru-
» tin, à le rassurer et à le faire avancer. »

En effet, nous déclarons hautement et d'avance que nous
repousserons également et les candidats inconséquents qui
commenceraient par signer le bulletin prescrit pour finir
par refuser de prêter le serment exigé, et les candidats hy-
brides qui n'entreraient dans le Corps légistatif qu'avec
l'arrière-pensée de s'y introduire pour miner et renverser
le gouvernement établi ; nous ne soutiendrons que ceux
qui y entreront avec le désir sincère de consolider le pouvoir par la liberté qui animait Casimir Périer sous le règne
de la branche aînée, Odilon Barrot sous le règne de la
branche cadette.

Nous nous résumons : — ni servilité ni hostilité, ces deux
limites dont le juste milieu est liberté.

Derrière ces limites où nous rencontrons l'Empire, nous
ne craignons pas qu'on nous attaque, car nous y sommes
avec l'Europe et la France, avec l'Europe représentée par
le Congrès de Paris, avec la France représentée par sept
millions quatre cent mille votants.

VI.

RESPONSABILITÉ MINISTÉRIELLE

ET

OPPOSITION CONSTITUTIONNELLE.

Un journal anglais, le *Standard*, prétend qu'il ne saurait y avoir d'opposition constitutionnelle sans responsabilité ministérielle.

Qu'y a-t-il de vrai dans cette objection qu'il nous adresse ?

Pour s'en rendre exactement compte, il faut commencer par mettre hors de discussion et de comparaison le régime parlementaire tel qu'il existe et fonctionne dans la Grande-Bretagne, et n'appliquer l'objection qu'au régime tel qu'il est établi en France par la Constitution ; de là son nom : Régime constitutionnel ; puis, il faut se demander ce qui serait arrivé aux dernières élections générales du mois de juin 1857, si la majorité des élections eût envoyé en majorité dans le Corps législatif des députés voulant sincèrement l'affermissement de l'Empire et de la Dynastie nouvelle, mais le voulant avec la Liberté promise.

Croit-on que le chef de l'État, croit-on que l'empereur n'eût pas pris en sérieuse, très sérieuse considération le vœu de l'opinion publique traduit par le suffrage universel ? Croit-on qu'il y eût vu une attaque à ses idées, une attaque à sa personne qui l'autorisât à se servir de l'article 46 de la Constitution et à dissoudre le Corps législatif pour en convoquer un nouveau dans le délai de six mois ? Notre conviction est qu'il se fût au contraire empressé de prendre parmi les nouveaux élus ceux qui lui eussent paru les plus capables de devenir ses ministres, ceux que la France eût ainsi désignés à son choix.

Cette conviction, nous la puisons dans tous les discours que le chef de l'État a eu l'occasion de prononcer, car dans aucun de ces discours jamais on ne le voit personnellement ou systématiquement opposé aux hommes ou aux idées du progrès. Loin de là ! rarement il omet de leur faire appel.

Son langage ne varie pas ; nous y retrouvons toujours ces mêmes pensées que nous transcrivons :

« Notre devoir est donc de faire la part entre les idées
» fausses et les idées vraies qui jaillissent d'une révolution ;
» puis, cette séparation faite, il faut se mettre à la tête des
» unes et combattre courageusement les autres. La vérité
» se trouve en faisant appel à toutes les intelligences, en ne
» repoussant rien avant de l'avoir approfondi, en adoptant
» tout ce qui aura été soumis à l'examen des hommes com—
» pétents et aura subi l'épreuve de la discussion. »

« Nous sommes entrés dans l'ère des améliorations qui
» préviennent les catastrophes. »

« Les améliorations ne s'improvisent pas ; elles naissent
» de celles qui précèdent : comme l'espèce humaine, elles
» ont une filiation qui nous permet de mesurer l'étendue du
» progrès possible et de le séparer des utopies. Ne faisons
» donc pas naître de vaines espérances, mais tâchons d'ac—
» complir toutes celles qu'il est raisonnable d'accepter. »

« Le meilleur moyen de réduire à l'impuissance ce qui
» est dangereux et faux, c'est d'accepter ce qui est vraiment
» bon et utile.

» Le pouvoir n'est plus ce but immobile contre lequel les
» diverses oppositions dirigeaient impunément leurs traits.
» Il peut résister à leurs attaques, et désormais suivre un
» système sans avoir recours à l'arbitraire ou à la ruse.
» D'un autre côté, le contrôle des Assemblées est sérieux,
» car la discussion est libre et le vote de l'impôt décisif. »

« A ceux qui regretteraient qu'une part plus large n'ait
» pas été faite à la Liberté, je répondrais : La Liberté n'a

» jamais aidé à fonder d'édifice durable : elle le couronne
» quand le temps l'a consolidé. »

Le chef de l'État, l'empereur, ne repousse pas la liberté :
il l'admet en droit et en fait. Cela suffit pour qu'une opposition, restant dans les limites de la Constitution, puisse se
former en vue des élections générales et du remplacement
des hommes qui persisteraient à prétendre que le temps
n'a pas encore suffisamment consolidé l'édifice qu'il s'agira
de couronner.

En Angleterre, il n'y a pas d'opposition extra-constitutionnelle. Toute opposition, qu'elle soit alternativement
whig ou tory, qu'elle soit radicale ou qu'elle soit chartiste,
accepte la royauté irresponsable et la dynastie régnante.
En France, au contraire, il n'y a plus d'autre opposition que
l'opposition extra-constitutionnelle, celle qui, ne tenant aucun compte du suffrage universel, n'admet ni la Constitution actuelle, ni la dynastie impériale. Cette opposition est
condamnée au silence ; mais, quoique muette, elle n'en existe
pas moins. L'Empire est ainsi placé entre des ennemis jurés
qui n'approuvent rien et des amis fascinés qui approuvent
tout.

Entre ceux-là et ceux-ci, n'y a-t-il donc pas une place
à prendre dans le double intérêt de l'Empire et de la Liberté se protégeant l'un par l'autre ? Et si cette place existe,
quel autre nom pourrait-on plus justement lui donner que
celui d'Opposition constitutionnelle ?

Nous le demandons au *Standard*.

En Angleterre, l'opposition qui aboutit aux changements
de ministère est une opposition à deux degrés : premier
degré, majorité électorale ; deuxième degré, majorité parlementaire. Si, en France, l'opposition n'a qu'un seul degré :
la majorité électorale, est-ce une raison parce qu'un mé-
canisme n'a qu'un ressort pour ne pas s'en servir ?

Nous le demandons à tous les hommes de bon sens et de
bonne foi ; nous les prenons pour juges entre l'effort que
nous tentons et la résistance qu'il rencontre de la part des
journaux que cet effort a contrariés.

VII.

LA LIBERTÉ SELON LE CONSTITUTIONNEL.

Le *Constitutionnel* nous répond :

« Songe-t-on à fonder ce qu'on appelait naguère une
» Opposition constitutionnelle, combattant le pouvoir dans
» le Parlement et dans la presse, aspirant au portefeuille
» ministériel, agitant l'État au profit d'ambitions plus ou
» moins justifiées ? S'il en est ainsi, nous cherchons vaine-
» ment autour de nous les chefs et les soldats d'une Oppo-
» sition constitutionnelle de ce genre. Seulement, nous ne
» saurions accepter le lot qu'on nous attribue. On nous ac-
» cuse de vouloir « *l'Empire sans la liberté.* » Notre réponse
» est facile : Nous voulons tout simplement l'Empire tel
» que la Constitution et les lois le définissent. Nous refu-
» sons à quiconque le droit de se dire plus libéral que
» nous, dans la saine acception du mot. Nous répétons
» avec M. Troplong que la liberté d'un peuple doit consis-
» ter dans « la somme de franchises qu'il peut supporter
» sans se nuire, » et nous nous en tenons aux institutions
» qui nous régissent et dont l'expérience a déjà sanctionné
» la sagesse. Mais c'est trop nous arrêter aux singulières
» théories de ceux qui veulent être les organes de l'Oppo-
» sition constitutionnelle. Alors que les partis n'ont plus de
» raison d'être, il n'y a plus de place pour les coteries. »

Nous répondons au *Constitutionnel* :

Vous refusez, dites-vous, « à quiconque le droit de se dire
» plus libéral que vous dans la saine acception du mot ; »

vous oubliez que de tous les journaux opposés à la liberté
après 1848, vous avez été le plus ardent à provoquer et à
soutenir la loi restrictive de la liberté du vote, la loi restrictive du suffrage universel, la loi condamnée par le message
du 4 novembre 1851, par le pouvoir constituant du 2 décembre 1851 et par la Constitution de 1852, la loi enfin du 31
mai 1852, laquelle avait mis à la porte des colléges électo-
raux trois millions d'électeurs; vous oubliez que, pour justifier ce retranchement illogique de trois millions d'électeurs par leurs élus, cette prétendue nécessité de restreindre l'entière liberté du vote, vous disiez à cette époque
comme aujourd'hui : « La liberté du peuple doit consister
» dans la somme de franchises qu'il peut supporter sans
» se nuire. »

A vous en croire, le peuple français ne pouvait supporter
sans se nuire l'entière franchise électorale; son intérêt exi-
geait que, sur neuf millions d'électeurs, trois millions dis-
parussent. Eh bien ! qui de vous, l'adversaire de la liberté
du vote, ou de ses défenseurs, avait raison en 1850 ? L'expérience a prononcé en 1851 et en 1852, et ce n'est pas
contre eux, c'est contre vous qu'elle a prononcé.

Vous refusez, dites-vous, « à quiconque le droit de se
» dire plus libéral que vous dans la saine acception du
» mot. » Le droit de se dire plus libéral que vous appartient d'abord au président de la République, s'adressant en
ces termes, le 4 novembre 1851, à l'Assemblée nationale
législative : « Je me suis demandé s'il fallait, en présence
» du délire des passions, de la confusion des doctrines, de
» la division des partis, alors que tout se ligue pour enle-
» ver à la morale, à la justice, à l'autorité leur dernier
» prestige, s'il fallait, dis-je, laisser ébranlé, incomplet, le
» seul principe qu'au milieu du chaos général la Providence
» ait maintenu debout pour nous rallier ? Quand le suffrage
» universel a relevé l'édifice social, par cela même qu'il
» substituait un droit à un fait révolutionnaire, est-il sage
» d'en restreindre plus longtemps la base ? » Ce droit de
se dire plus libéral que vous appartient ensuite au pou-

voir constituant de 1851, qui a rétabli le suffrage universel;
il appartient enfin à la Constitution de 1852, qui a reconnu
que le peuple français pouvait supporter sans se nuire l'entière franchise électorale. Ce droit de se dire plus libéral
que vous, refusez-le donc au président de la République
élu le 10 décembre 1848! Refusez-le donc au Pouvoir constituant du 20 décembre 1851! Refusez-le donc à la Constitution du 14 janvier 1852!

L'espoir en la liberté que nous n'aurions pas s'il n'y
avait que vous pour nous l'accorder, vous qui trembliez
devant la liberté universelle du vote, nous le mettons dans
l'Elu qui n'en a pas eu peur et qui n'a pas craint d'y faire
appel en novembre 1852 aussi bien qu'en décembre 1851,
malgré tous les conseils qui lui furent donnés pour l'en
détourner!

Oui, nous vous accusons de vouloir « *l'Empire sans la
Liberté*, » car vous ne la lui demandez pas et nous la lui
demandons, fermement convaincus que rien ne s'oppose à
l'existence de l'*Empire avec la Liberté*, au contraire. Est-ce
que le toit qui couvre l'édifice n'en protége pas le fondement?

Est-ce que la liberté de la presse, par la terreur salu-
taire qu'elle imprime aux abus, ne serait pas plus profi-
table que nuisible à l'Empire? Est-ce que l'Empereur peut
tout voir, tout entendre? Est-ce qu'on ose tout lui dire?
Est-ce que, s'il se commet loin de lui des excès de pouvoir dont
on soit tenté de faire remonter la responsabilité jusqu'à sa
couronne, il est certain d'en être toujours exactement averti?
Par ce qui s'est passé en Russie, à l'occasion de la guerre
de Crimée, on a vu à quelle impuissance funeste, dans les
grands jours des grandes épreuves, aboutissait l'autorité
la plus absolue quand elle n'avait pas été secondée et éclai-
rée par la liberté vigilante.

Si l'on pouvait séparer la cause des gouvernements de
celle des peuples, nous dirions que la liberté est plus
utile encore aux gouvernements qu'aux peuples; car, en

réalité, qu'est-ce que la liberté, sinon la délation anoblie, sinon la police transformée, c'est-à-dire appliquée non plus aux personnes mais aux abus ?

On dit que la liberté de la presse doit être en raison inverse de la liberté du vote; que plus celle-ci a été étendue, plus celle-là doit être restreinte, sous peine de voir la lutte électorale dégénérer en trouble civil. L'expérience la plus décisive a fait justice de cette opinion erronée, de cette calomnie de la peur contre le suffrage universel : cette expérience est celle qui a eu lieu en avril et en décembre 1848. A ces deux époques, est-ce que la liberté de la presse la plus entière, est-ce que le suffrage universel le plus étendu ne coéxistaient pas ? Eh bien ! quel a été le résultat des élections générales d'avril 1848 ? Quel a été le résultat de l'élection présidentielle de décembre 1848 ? Quoique le suffrage universel datât de la veille; quoique les neuf millions d'électeurs soudainement appelés, à peine inscrits, n'eussent été préparés à l'exercice de ce droit par aucun apprentissage, par aucune initiation, par aucune transition ; quoique la fermentation des esprits fût encore grande, le plus léger trouble eut-il lieu sur un seul point, dans un seul comice ? Le plus grand spectacle qu'ait jamais donné un peuple libre ne fut-il pas donné à cette époque par le peuple français, laissant loin derrière lui et le peuple anglais et le peuple américain, qui cependant avaient sur lui l'avantage d'une avance considérable ! Aucun de ces désordres passagers qui se produisent dans les élections en Angleterre et aux États-Unis ne se produisit en France, où cependant le peuple est accusé d'avoir l'esprit moins flegmatique, moins calme que dans ces deux pays. C'est qu'aucun peuple, dans le monde entier, n'est, quoi qu'on en dise, plus mûr pour la liberté que le peuple français. Si elle ne lui est apparue à plusieurs reprises que pour lui échapper, ce n'est pas qu'elle fût trop précoce, ce n'est pas qu'elle fût trop grande : non, elle n'a pas péri par sa faute; elle a péri par la division du pouvoir, ce qui prouve que la plénitude du pouvoir, c'est-à-dire sa liberté, n'importe pas moins à la liberté du peuple que cette dernière liberté elle-même.

Maintenant que nous avons usé du droit de prouver qu'il était facile d'être plus libéral que le *Constitutionnel*, répondons aux interpellations qu'il aiguise contre la future Opposition constitutionnelle. Si elle n'a encore ni chefs ni soldats, est-ce une raison pour qu'un jour elle n'en ait pas, sauf à la transformer en majorité gouvernementale dès qu'elle aura acquis le caractère imposant d'expression manifeste des vœux du pays? Lui donner des soldats et des chefs : oui, c'est là ce que nous nous proposons, en vue, non des élections partielles de 1857, mais en vue des élections générales de 1863, ne fût-ce que pour y réduire à l'état de minorité tout candidat qui refusera de se dire plus libéral que le *Constitutionnel*.

Mais si nous différons avec ce journal sur la question de la Liberté suffisante et de l'Opposition constitutionnelle, nous sommes d'accord avec lui quand il déclare que, « alors que » les partis n'ont plus de raison d'être, il n'y a plus de place » pour les coteries. » Aussi, entre lui et nous, ne voulons-nous pour juge que le suffrage universel, librement consulté, librement exprimé.

En reconnaissant, ainsi que nous l'avons fait, l'Empire et la dynastie impériale, nous nous sommes placé au-dessus des partis; en demandant la Liberté, ainsi que nous le faisons, nous nous plaçons au-dessus des coteries.

VIII.

CE QU'ON NOUS DIT.

On nous dit :

« Vous êtes allé trop loin ; il fallait vous borner à engager
» les électeurs à retourner aux élections et les candidats
» élus à prêter le serment prescrit par la Constitution pour
» siéger au Corps législatif, sans leur demander rien de plus
» que de se servir de la liberté promise comme d'une épée
» toujours suspendue. »

On nous dit :

« Vous criez dans le désert ; votre voix ne sera pas enten-
» due ; le *Constitutionnel*, qui ne veut pas de la liberté que
» vous revendiquez, continuera d'être seul écouté, parce que
» qu'il est plus facile de gouverner sans la liberté qu'avec
» la liberté. Ce sera vainement que vous vous serez com-
» promis et déconsidéré. »

On nous dit :

« Vous vous abusez grandement ou vous ne dites pas ce
» que vous pensez quand vous prétendez que la liberté
» éteindrait le dernier souffle des partis ; elle leur rendrait
» la parole, et avec la parole une vie nouvelle. Les répu-
» blicains, qui gardent le silence, le rompraient ; les fusio-
» nistes, les légitimistes, les orléanistes, qui se taisent, ne
» se tairaient plus. »

On nous dit enfin :

« Vous avez entrepris deux tâches également impossi-
» bles : quoi que ce soit que vous écriviez, vous ne ferez
» pas faire aux hommes de la Liberté un pas vers le Pou-
» voir ; vous ne ferez pas faire aux hommes du Pouvoir un

» pas vers la Liberté. Des deux parts vous êtes sans titre
» pour rien proposer, rien débattre, rien conclure. »

A ces objections , que nous fortifions plutôt que nous ne
les affaiblissons, afin de vérifier exactement ce qu'elles ont
de fondé, nous répondons :

A la première objection ,

Il y avait logiquement deux conduites à tenir : l'une consistant à vivre en France comme un étranger qui y réside,
se bornant d'y payer l'impôt, d'y respecter la loi, mais s'ab-
stenant scrupuleusement de tout acte politique quelconque ;
l'autre, consistant à suivre l'impulsion donnée par le *Siècle*,
la *Presse*, le *Courrier de Paris*, l'*Estafette*, d'accord avec
le *Journal des Débats*, M. Ledru-Rollin et M. Louis Blanc,
et à faire ce qu'on a fait au mois de juin dernier, c'est-à-
dire à prendre part aux élections qui ont eu lieu. La conduite qu'on a tenue est l'opposée de celle que prescrivait
M. le comte de Chambord, loyal et conséquent. On a voté,
et la preuve qu'on a voté en toute liberté, ce sont les élections de MM. Cavaignac, Carnot, Darimon, Goudchaux, Hénon et Ollivier. Ce qu'on a fait à Paris, rien n'empêchait de
le faire dans toute la France. Si des fonctionnaires, méconn-
naissant la circulaire qui leur avait été publiquement adressée par M. le ministre de l'intérieur, ont abusé de leur pouvoir pour intimider des électeurs, ceux-ci ont manqué à
leur devoir en manquant de fermeté, fermeté qui ne les ex-
posait d'ailleurs à aucun péril sérieux. Ceux-ci ne sont donc
pas plus excusables que ceux-là. Chacun a eu la liberté du
vote dont il était digne. En tous pays et sous tous les régimes, il y aura toujours des fonctionnaires qui commettront des excès de pouvoir et des citoyens qui commettront
des actes de lâcheté. Nulle part il n'y a jamais eu et il n'y
aura jamais de liberté durable sans courage civil. Est-ce
qu'aux Etats-Unis, où la force brutale joue souvent dans
les élections un rôle réprouvé par la force morale, la crainte
d'être battu dans une rixe éteint le désir d'être victorieux
dans le scrutin ? Quoi qu'il en ait été, on a voté, et des can-

didats de diverses nuances d'opposition se sont présentés dans un certain nombre de colléges. C'est là un fait ; mais qu'est-ce qu'un fait, sinon un caillou sur un grand chemin, à moins que la science ou la discussion n'en fasse jaillir l'étincelle qui sera la lumière? Cette lumière, nous croyons qu'il est bon qu'elle se fasse. Essayons donc de la faire. Eh bien ! à quoi aboutiraient, dans l'intérêt de la liberté, le seul intérêt qui nous préoccupe, des élections qui auraient pour résultat d'envoyer au Corps législatif, fût-ce en majorité, des hommes qui y seraient, relativement à l'Empire de 1852, ce qu'était à la Chambre des députés M. Ledru-Rollin relativement à la Monarchie de 1830 ? Loin de hâter le triomphe de la liberté, de telles élections ne feraient que la retarder encore, en ajoutant aux défiances du pouvoir contre elle, en les irritant, en les aggravant, en les justifiant en quelque sorte. Non, pas de réticence, pas d'arrière-pensée. Si vous n'avez pas la sincérité de Casimir Périer prêtant sermant à la Charte de 1815, si vous n'avez pas la sincérité d'Odilon Barrot prêtant serment à la Charte de 1830, ne vous présentez pas, ne soyez pas candidat, ne soyez pas député. Si le serment, aboli le 1ᵉʳ mars 1848 par le gouvernement provisoire et rétabli le 28 octobre 1848 sur la proposition du citoyen Buchez, si le serment ne vous lie pas, s'il n'est pour vous qu'une vaine formule, sur quoi vous fondez-vous pour trouver blâmable qu'un serment prêté n'ait pas été gardé ? Soyez donc conséquents ! Nous savons qu'il y a souvent avantage à ne pas l'être, à s'arrêter à mi-chemin, à nager entre deux eaux, à n'être ni pour ni contre, à ne dire nettement ni oui ni non ; mais qui cherche la vérité ne cherche pas l'avantage. Dans cette voie oblique, on piétinera sans avancer ; on y trouvera l'indifférence, on n'y trouvera pas la liberté.

A la seconde objection,

Si le *Constitutionnel*, qui soutient à haute voix le contraire de ce qu'il dit à voix basse, quand il prétend que nous jouissons de la somme de franchises que nous pouvons supporter sans nous nuire, si le *Constitutionnel* continue de l'emporter, nous n'en aurons pas moins tenté le dernier effort possible. Ce sera une justice que nous aurons la satisfaction personnelle de pouvoir nous rendre. Royer-Collard, pour n'avoir pas été écouté par la majorité de MM. de Broglie et Guizot ses amis, qu'il adjurait de ne pas voter les lois de septembre 1835 contre la liberté de la presse, n'en a pas moins fait un discours et un acte qui sont restés mémorables, et qui le placèrent, non à la suite, non à la tête des partis, mais au-dessus d'eux. Croire qu'il est plus facile de gouverner sans la liberté qu'avec la liberté est une erreur que nous aurons combattue comme il faut combattre l'erreur, sans autre mobile que la vérité, sans masque et sans haine, par des raisons et non par des violences ou des perfidies. La preuve que ce combat ne nous aura ni compromis ni déconsidéré, c'est la foule sympathique qui s'est aussitôt amassée autour de nous et qui se charge de la réponse. Se compromettre et se déconsidérer est un risque qu'on ne court pas, quand sous le nom de l'intérêt général ne se déguise aucun intérêt personnel. Notre entier désintéressement est ce qui nous permet de tout dire, parce que nous n'avons rien à dissimuler.

A la troisième objection,

La discussion sur l'origine, le principe et la forme du gouvernement monarchique était interdite par les lois contre la presse avant 1848, et après 1848 le général Cavaignac avait posé en principe, à la tribune, qu'elle ne devait pas être permise sur l'origine, le principe et la forme du gouvernement républicain. Le gouvernement impérial, en s'opposant à ce qu'on discute son origine, son principe et sa forme, ne ferait donc que continuer ce qui avait lieu avant lui ; de la sorte, républicains, fusionnistes, légitimistes, orléanistes n'auraient pas plus la liberté qu'ils ne l'ont aujourd'hui de tirer de leurs poches leurs cocardes pour les attacher à leurs chapeaux. Mais, à la place du chef de l'État, ce serait une petite satisfaction que nous leur laisserions volontiers, car elle ne servirait qu'à constater leur impuissance aux prises avec le suffrage universel, aux prises avec huit millions d'électeurs. Républicains, fusionnistes, légitimistes, orléanistes ont la liberté du vote ; où cela les mène-t-il ? Quelle chance leur donnerait de plus la liberté de s'appeler par leur nom ? De ce qu'ils ne le portent plus ouvertement, en existent-ils moins et n'est-on pas, au contraire, disposé à les croire plus nombreux et plus forts qu'ils ne le sont en réalité ?

A la quatrième objection,

Si nous échouons dans la double tâche que nous avons entreprise, et où nul n'a encore réussi en s'y prenant autrement, si la Liberté et le Pouvoir continuent d'être ce qu'un pôle est à l'autre, comme nous n'avons reçu de mission d'aucune des deux parts, nous n'aurons déçu l'espérance de personne. « *Fais ce que dois, advienne que pourra,* » est une devise qui n'a pas été inventée pour le besoin de cette discussion, mais elle s'y applique et la justifie.

La lettre suivante a été adressée au RÉDACTEUR EN CHEF DE L'*Indépendance belge* qui s'est empressé de l'insérer :

« Paris, 14 décembre.

« Monsieur le rédacteur,

» Tout en rappelant que vous vous étiez imposé la loi de
» ne plus parler d'aucune des candidatures mises en avant
» pour les prochaines élections de Paris, vous avez l'obli-
» geance de dire : « Il en est une cependant qui est trop
» caractéristique dans la situation actuelle pour que je ne
» la mentionne pas : ce serait celle de M. de Girardin, au-
» tour duquel l'attention publique vient de se ranimer si
» vivement par suite des derniers événements du journa-
» lisme parisien. »

» Permettez-moi de recourir à la publicité hospitalière de
» l'*Indépendance*, qui ne m'a jamais fait défaut, pour an-
» noncer que je ne suis pas candidat à la députation et que
» je ne veux pas l'être. La proposition, il est vrai, m'en a
» été faite, mais j'y ai répondu négativement dans les ter-
» mes les plus catégoriques.

» Permettez-moi encore de profiter de l'occasion que m'offre
» cette réponse pour démentir une autre nouvelle sans fon-
» dement. Il n'est pas vrai que j'aie acheté ni la direction ni
» la propriété du *Courrier de Paris*, soit en totalité, soit en
» partie, quoiqu'il soit également faux de dire que j'aie pris,
» en vendant mes parts de la *Presse* à M. Millaud, aucun
» engagement qui porte la plus petite atteinte à la pléni-
» tude de ma liberté. Je lui dois même la justice de décla-
» rer qu'il ne m'en a demandé aucun.

» Quant aux articles qui ont paru dans le *Courrier de*
» *Paris*, et qui me sont attribués, ce que j'en puis dire,
» c'est qu'ils sont le développement de la lettre que j'ai eu
» l'honneur de vous adresser du Giessbach (Suisse), le 3 août
» 1857, et que vous avez eu la bonté d'insérer.

» Au nom de la liberté, dont pas un jour depuis que je
» tiens une plume je n'ai abandonné un seul instant la
» cause; au nom de la liberté, objet constant de toutes mes
» études et de tous mes vœux; au nom de la liberté, à la-
» quelle j'ai toujours subordonné toutes les questions, pour
» moi secondaires, de gouvernements et de partis, de dy-
» nasties et de ministères, d'amis et d'ennemis personnels,
» j'ai déclaré dans cette lettre du 3 août que la liberté n'é-
» tait pas incompatible avec l'empire; au nom de l'empire,
» des journaux prétendent que l'empire est incompatible
» avec la liberté! Comme ils sont en position d'être mieux
» informés que moi, je dois en croire leur déclaration, mais
» je ferai remarquer qu'elle n'infirme pas la mienne; *je ne*
» *suis pas le seul de cet avis.* »

» Recevez, etc.

» ÉMILE DE GIRARDIN. »

La lettre du 3 août 1857, ci-dessus rappelée, était elle-même d'accord avec la réponse ci-après, insérée dans la *Presse* du 7 avril 1852 :

« Je lis dans l'*Indépendance* :

« Un ralliement plus ou moins direct, plus ou moins conditionnel, plus
» ou moins déguisé au gouvernement de Louis-Napoléon fait, en ce mo-
» ment, un certain bruit à Paris. C'est celui de M. Émile de Girardin,
» qui vient de publier sous ce titre : CONSERVONS LA RÉPUBLIQUE, deux
» articles fort curieux où se retrouvent toute l'habileté, tout le talent du
» célèbre publiciste, et dans lesquels il se prononce nettement pour le
» maintien et l'affermissement du nouvel ordre de choses, *comme le moyen*
» *le plus sûr d'arriver à la* LIBERTÉ. »

» Je réponds à ce passage de l'*Indépendance* :

« *Si je suis rallié,* » alors il faut admettre que le président de la République ne vise pas à l'Empire; et, s'il y vise, il faut alors admettre que je
ne suis pas « *rallié.* » Il faut choisir entre l'une ou l'autre de ces deux
affirmatives. Maintenant, voici la vérité : Ramené à Paris par d'impé-
rieuses et urgentes affaires, j'ai cédé uniquement à la voix de convictions
profondes, en disant mon opinion, en toute indépendance, au risque de
contrarier des vues personnelles qu'on suppose et qu'on prétend très arrê-
tées, et en m'attendant à recevoir de nouveau l'ordre de retourner, à mon
choix, en Belgique, en Allemagne ou en Angleterre.

» Mes malles sont prêtes; mais, avant de repartir, j'aurai dit ce que je
croyais utile de dire à la démocratie, ce qui est le résultat de deux mois
de réflexions dans la solitude de l'exil.

» Plus j'y ai réfléchi, et plus je suis demeuré profondément convaincu,
je le répète, que le pessimisme était le chemin le plus droit, conséquemment le plus court, pour arriver au légitimisme. Tout, plutôt que la restauration européenne du passé séculaire !

» Aussi, quoique marqué au sceau de l'ostracisme et frappé de la ma-
nière la plus grave dans tous mes intérêts, n'ai-je cessé d'écrire de
Bruxelles à Paris : « Point de pessimisme ! »

» Quant aux soupçons qui ne m'avaient pas épargné avant mon retour,
même avant mon départ, le 14 janvier, j'ai payé, surtout depuis un an,
assez cher (plus de 500,000 francs) le droit de les dédaigner pour en user.
J'en use donc.

» ÉMILE DE GIRARDIN. »

Paris. — Imp. SERRIÈRE et C⁹, rue Montmartre, 123.